SECONDE LETTRE

AU JOURNAL LE LIEN.

LA ROCHELLE. — TYP. DE A. SIRET.

SECONDE LETTRE

AU

JOURNAL LE LIEN

PAR

H. MAUBERT

PASTEUR.

(Extrait du journal LA FOI.)

LA ROCHELLE

TYP. DE A. SIRET, PLACE DE LA MAIRIE, 3.,

—

1864

SECONDE LETTRE

AU

JOURNAL LE LIEN.

> « La colère de l'homme n'accomplit
> » point la justice de Dieu. »
> (Saint-Jacques , I , 20.)

Messieurs les Rédacteurs du *Lien* ,

C'est un peu tard que je réponds à quelques lignes d'un article de votre numéro du 7 novembre dernier ; mais je ne l'ai connu d'abord , que par les observations dont il a été l'objet dans l'*Espérance* du 20 novembre , de la part de M. Mouline , à qui votre article s'attaquait aussi ; — et comme M. Mouline, en répondant alors pour lui-même le fit en même temps pour moi, quant à ce qui nous était commun dans l'incrimination du *Lien*, j'avais résolu de ne pas m'en occuper davantage.

Toutefois, quand j'eus l'occasion , quinze jours plus tard, de connaître le texte même de l'article en question, je changeai d'avis ; et je crus qu'il serait bon de réduire à leur juste valeur les griefs qui me sont personnels et sur lesquels prétend se baser la colère, un peu bien grande à mon égard , de M. E. Coquerel.

Voyons donc quelles sont les fautes si graves que j'ai commises envers le *libéralisme*.

Le 8 août dernier, M. E. Coquerel signe dans votre journal, Messieurs, un article dans lequel il se plaint de ce que, dans deux consécrations pastorales successives, dont l'une était la mienne, ceux de MM. les pasteurs de Paris qui se qualifient de *libéraux* n'ont pas été invités.

Le 1er septembre je réponds, en ce qui me concerne, à cette réclamation du *Lien* du 8 août, en publiant, dans le journal la *Foi*, sous forme de lettre à votre adresse, Messieurs, des explications conçues dans les termes les plus mesurés. J'en fais juge quiconque les a lues. — Et voici néanmoins qu'au sujet de cette lettre, M. E. Coquerel s'en vient m'accabler de son plus grand courroux dans votre numéro du 7 novembre. — Pourquoi donc cela? La plainte du 8 août me mettait-elle en cause, oui ou non? Et si elle me mettait en cause, ne devais-je pas répondre? Et si je devais répondre, ne devais-je pas le faire en toute franchise en même temps qu'avec convenance? Et n'est-ce pas là ce que j'ai fait par ma lettre du 1er septembre? — Je ne vois donc pas comment j'aurais pu agir autrement que je n'ai agi, à moins que de prier M. E. Coquerel de m'envoyer lui-même, toute faite, la réponse que j'aurais eu ensuite à lui retourner telle quelle.

Mais abordons les griefs articulés.

Il en est un petit d'abord que signale M. E. Coquerel : c'est que ma lettre d'explication (qu'il appelle *une pièce assez étrange* et *un factum*), quoique s'adressant à vous, Messieurs, ne vous aurait cependant pas été envoyée.

A ceci, je réponds que le fait n'est pas exact. Cette lettre vous a été très-bien envoyée, Messieurs, non pas *comme lettre postale*, il est vrai, mais *comme lettre de journal à journal*; c'est-à-dire qu'elle vous est arrivée dans le numéro du 1er septembre du journal la *Foi*, comme M. E. Coquerel le reconnaît lui-même, en ajoutant seulement qu'il ne l'y avait pas remarquée. — Soit, et je conviens que c'est là un inconvénient auquel ce mode de correspondance est sujet , pour lui aussi bien que pour moi : mais c'est lui-même qui l'a choisi, en m'en donnant l'exemple. Car c'est ainsi qu'il a mis à ma disposition , dans votre numéro du 8 août (si je voulais me le procurer et y regarder) ses réflexions sur ma consécration , auxquelles répondait précisément ma lettre du 1er septembre dans la *Foi*. — Et c'est encore de même qu'il a mis à ma disposition , dans votre numéro du 7 novembre (toujours si je voulais me le procurer et y regarder), son article courroucé auquel je réponds en ce moment.

Je n'accuse pas cependant M. E. Coquerel de dédain envers moi. Eh bien , qu'il ne dise donc pas non plus que c'est par dédain envers vous, Messieurs , que je ne vous ai pas fait, le 1er septembre , et que je ne vous fais pas encore en ce moment, un envoi spécial des observations qu'il me met dans le cas de vous adresser. Il n'y a là de dédain, je l'espère, ni d'une part ni de l'autre. Tout simplement , nous correspondons par voie de journal au lieu de le faire par la poste. M. E. Coquerel a commencé dans le *Lien* ; j'en ai fait autant dans la *Foi*. C'est purement et simplement de l'égalité , et pas autre chose.

Passons aux grands griefs. — M. E. Coquerel m'accuse ensuite , — et c'est ici son grief capital, celui aussi qui me toucherait s'il était fondé , — il m'accuse, dis-je , de ne pas voir le Christianisme là où il est avant tout , c'est-à-dire *dans la charité et l'amour fraternel*, mais de le voir au contraire tout entier *dans la foi*, et encore *sans entendre ce mot dans le sens large et vivant qu'il a sous la plume de l'apôtre, mais dans le sens le plus étroit.* Pour moi, suivant M. E. Coquerel , *la foi, c'est tout simplement la pâle dogmatique de l'orthodoxie courante, et* j'ai le grand tort de ne pas concevoir *qu'il puisse exister une unité plus élevée que celle des doctrines, et que les disciples de Jésus, tout en différant d'opinion sur les croyances, sur la métaphysique du Christianisme, puissent être d'ac-*

cord sur des questions plus hautes, et s'unir dans l'amour du Sauveur, la recherche de la sainteté, l'espérance du salut.

Voilà l'accusation, Messieurs les Rédacteurs du *Lien*, et vous voyez sur quelle théorie elle repose. — Je ne sais pas si je dois regarder cette théorie comme émanant de vous tous, mais j'aime à penser le contraire. J'aime à penser que vous ne signeriez pas tous, ces lignes de M. E. Coquerel, comme étant la formule de votre Christianisme; car vous n'êtes pas tous, ce me semble, des membres de cet enfant mort-né, qui s'est appelé un moment l'*Alliance universelle*.

Quoi qu'il en soit, voici ma réponse :

Je place très-bien, comme le font les apôtres Paul, Jean et Jacques dans leurs épîtres, *le Christianisme effectif*, *le Christianisme agissant*, dans la charité, c'est-à-dire (ainsi qu'ils l'ont reçu tous trois de Christ) dans l'amour de Dieu par Christ, et dans l'amour du prochain en Dieu et en Christ. — Mais *par quel Christ* s'agit-il d'aimer Dieu? Et *en quel Christ* s'agit-il, en aimant Dieu, d'aimer le prochain? Voilà le grand point et le nœud de toute l'affaire, c'est-à-dire de tout le christianisme. Et c'est précisément de ce point là, que M. E. Coquerel ne veut pas s'occuper et ne veut pas qu'on s'occupe.

Mais il a beau dire et beau faire, — et dût-il se fâcher encore de plus belle, — cette question *de la foi et de l'objet de la foi* intervient forcément ici comme dominant celle de l'amour, et la primant par conséquent dans l'ordre logique, loin d'être primée par elle sous ce rapport : car la foi est la racine même de l'amour, et *telle foi l'on aura, tel amour l'on aura aussi.*

Messieurs, je ne sais si je me trompe, mais je suis persuadé qu'en vos consciences, vous dites que ceci est vrai. — D'ailleurs, en voulez-vous des preuves, en voici :

Voyez d'abord le Romanisme, Messieurs, la religion de

la foi aux rites , de la foi à l'*opus operatum* des sacre-
ments , de la foi aux pratiques extérieures sans le don du
cœur. — Qu'est devenue , avec cette foi là , la Charité
dans le Romanisme ? Elle est devenue , dans son application à Dieu , l'idolâtrie des images et la superstition
des prières formulées et récitées à la douzaine ; et , dans
son application au prochain pauvre , elle est devenue
l'*aumône !* Et quelle aumône ? L'aumône faite machinale-
ment et reçue par métier ; un impôt dont on s'acquitte
comme d'un autre , et dans le même sentiment , sans la
moindre participation du cœur (je parle de ce à quoi con-
duit logiquement la doctrine ; je sais qu'il peut y avoir et
qu'il y a , au service des mauvaises doctrines , des cœurs
heureusement inconséquents). — Or, je vous le demande,
Messieurs , est-ce que l'aumône ainsi faite procède de
l'amour, de la charité ? Elle procède de la charité comme
la flaque d'eau croupissante procède du fleuve qui l'a
laissée en se retirant. Parce qu'elle en est séparée , elle se
corrompt et corrompt ce qu'elle touche. Ainsi en est-il ,
en logique , de l'aumône dans le Romanisme à cause de
la foi matérialisée à laquelle elle se rattache.

Au contraire, partant de la vraie foi chrétienne, l'assis-
tance , fruit de la vraie charité , n'est pas seulement *don*
matériel, mais elle est d'abord et avant tout *amour*, parce
qu'elle vient toujours et directement du fleuve d'amour de
Dieu, par Christ , et d'amour des hommes en Christ, qui
découle du cœur vraiment croyant. Et elle est alors , non
plus la flaque d'eau croupissante de tout-à-l'heure , mais
un courant d'eau vive et limpide toujours communiquant
avec le fleuve, et qui par là même répand partout sur son
passage la santé et la vie.

Eh bien , dites, Messieurs, est-ce à l'union supérieure
dans la charité Romaine , correspondant à la foi dans le
mécanisme de l'*opus operatum* , que nous convie M. E.
Coquerel? Et si ce n'est pas à l'union dans une telle charité qu'il nous convie , qu'il le dise au moins , et qu'il
excepte de sa formule la charité provenant d'une telle foi.

Autre exemple. — Vous connaissez M. Renan, Messieurs, vous savez en quel Christ il a sa foi, et vous avez pu voir aussi que la charité provenant de la foi en un tel Christ, c'est, — de l'aveu même de ce docteur, qui l'a écrit en toutes lettres, — *une sorte de dédain transcendant*, — car c'est là le nom de blasphême qu'il lui a plu de donner à la Charité rédemptrice de l'homme-Dieu, Sauveur du monde, en le rabaissant à sa taille.

Eh bien, voilà encore un genre de charité correspondant aussi à un certain genre de foi. — Est-ce que ce serait à l'union supérieure dans ce genre de charité-là que nous convierait M. E. Coquerel ? Et s'il excepte aussi de sa formule ce genre de charité là, qu'il le dise donc au moins ; cela en vaut bien la peine.

Autre exemple encore. — Vous connaissez également, Messieurs, la foi en Christ du Jacobinisme, car il en avait une le Jacobinisme, puisqu'il se faisait des portraits de Christ au bas desquels on lisait que Jésus avait été le *premier des sans-culottes*. Et vous savez que cette foi avait aussi produit une charité correspondante, qui s'était formulée en ces mots : *La fraternité ou la mort.*

Eh bien, ce n'est pas sans doute à l'union supérieure dans ce troisième genre de charité que nous convie M. E. Coquerel. — Mais alors, s'il veut que nous sachions à quel genre appartient décidément la charité dans le sein de laquelle il nous appelle à une union supérieure (et il faut bien que nous le sachions pour pouvoir prendre parti), qu'il nous dise donc de quelle foi procèdera cette charité. Car *telle foi*, *tel amour*, voilà la règle qui s'impose à tous : et il faut donc bien que M. E. Coquerel, comme tout autre, en conviant à l'union dans la charité, — s'il ne veut pas parler pour ne rien dire, — détermine la foi de laquelle la charité en question sera le fruit.

Que si vous m'objectez, Messieurs, que votre secrétaire ne se trompe cependant pas quand il dit : « *Pour*

» *Saint-Paul, la plus excellente des vertus chrétiennes,*
» *c'est la charité ; elle prime même la foi.* » Voici ce que
je vous réponds : — non , votre secrétaire ne se trompe
pas dans les mots, puisqu'ils sont presque ceux de l'apôtre,
mais il se trompe grandement dans l'application qu'il en
fait. Il y a deux questions que Saint-Paul pose et résout ,
chacune à sa place et séparément l'une de l'autre :
1º *Qu'est-ce qui* FAIT *le chrétien ?* Et Saint-Paul répond
toujours : *c'est avant tout la foi.* 2º *Qu'est-ce qui* PROUVE
le chrétien ? Et Saint-Paul répond toujours : *c'est avant*
tout la charité.

M. E. Coquerel, au contraire, ne pose qu'une des deux
questions , ou plutôt il amalgame l'une avec l'autre en se
servant , à sa manière, soit du langage de Saint-Paul ,
soit de celui du Sauveur dans l'Evangile de Saint-Jean. Car,
après ce qu'il a dit de Saint-Paul, M. E. Coquerel ajoute :
« Pour notre Sauveur et notre maître Jésus-Christ , la
» charité, l'amour fraternel est le signe distinctif du
» chrétien. » — Eh sans doute ; et c'est précisément là
ce qui vous condamne ; car est-ce que le signe et la chose
qu'il signifie ne sont pas distincts ? Aussi Jésus a parlé
de *croire* avant que de parler d'*aimer*. Soit donc pour
Jésus, soit pour Saint-Paul , soit pour Saint-Jean , soit
pour Saint-Jacques ou tout autre, faut-il vous citer toutes
les paroles du Maître dans les Evangiles , ou toutes les
paroles des disciples dans leurs épîtres, dans les actes ou
dans l'apocalypse , qui prouvent cette distinction faite par
eux et que vous ne voulez pas faire. — Ne jouons pas sur
les mots en pareille matière, Messieurs, car ce ne sont
pas seulement vos propres âmes qui y sont intéressées :
ce sont aussi celles des lecteurs que vous pourriez en-
traîner ou maintenir dans l'erreur.

Que M. E. Coquerel commence donc par cette distinction, qu'il a omise, et nous verrons ensuite si nous pouvons
tomber d'accord sur le surplus de ses dires, et, par
exemple , sur ces mots de : *pâle dogmatique de l'ortho-*
doxie courante , par lesquels il a qualifié ma foi.

Si, par ces mots, M. E. Coquerel entend seulement déclarer la guerre à la foi orthodoxe là où elle serait un simple intellectualisme sans vie, je suis, sur ce point, complètement d'accord avec lui. Et si ma foi n'est pas autre chose que cela, si je professe les vérités du Christianisme seulement comme je professerais celles de la géométrie ou de toute autre science, il ne pourrait assez réprouver une telle manière d'entendre et d'enseigner la doctrine chrétienne : car sa colère alors ne serait plus *celle qui n'accomplit pas la justice de Dieu*. Elle serait au contraire celle qui l'accomplit, c'est-à-dire la sainte indignation qui animait Jésus contre les pharisiens hypocrites, ou au moins formalistes. Dans ce cas, en effet, je ne serais pas autre chose qu'un pharisien du christianisme, auquel j'admets qu'un *libéral*, qui en est le sadducéen, serait encore préférable.

Mais, hélas, jusqu'ici, ce n'est pas là ce qu'a voulu dire M. E. Coquerel, en qualifiant ma foi de *pâle dogmatique de l'orthodoxie courante*; sa prétention a été que, même étant une foi vivante et vécue, la doctrine que j'ai professée à ma consécration a cessé d'être, à ses yeux, le Christianisme. — Eh bien, qu'il en mène deuil au lieu de s'en glorifier : car, quelque savant qu'il puisse être ou qu'il se croie, il n'en est pas moins dans les ténèbres. Et s'il veut revenir à la lumière, qu'il fasse comme Saint-Paul : qu'il laisse de côté toute son autre science pour *ne savoir d'abord que Jésus-Christ et Jésus-Christ crucifié*. Puis, quand il aura ce fondement bien assuré, il pourra reprendre alors utilement son autre science, qui ne l'égarera plus, parce que Jésus-Christ, qui est la vérité, lui apprendra à discerner le vrai du faux, pour retenir l'un et rejeter l'autre.

Quant à moi, Messieurs, j'en conviens hautement, je ne suis pas savant. Je ne suis allé à Montauban que quelque temps, et non pas pour devenir savant (on ne fait plus que glaner, on ne moissonne pas à mon âge), mais pour connaître ce que la vraie science pensait de la science

dite libérale , et j'en suis revenu complètement rassuré.
— Ce n'est pas non plus à Montauban que j'ai acquis ma
foi , je l'avais déjà en y allant : mais elle y a été con-
firmée et affermie par ceux dont je n'ai pas la science ,
mais qui ont , eux, le Sauveur que j'avais déjà.

Et ce Sauveur voici quel il est. — Le Sauveur par
lequel Dieu m'a fait la grâce d'arriver à le connaître,
le Sauveur en qui je suis devenu, par là même , capable
d'aimer mon prochain, par quoi j'entends aussi les adver-
saires, — ce Sauveur là, c'est le Sauveur proclamé, à la
formation de l'église primitive, par les discours et les
œuvres de Pierre et de Paul et des autres disciples ; —
c'est le Sauveur que les ténèbres du moyen âge avaient
réussi à voiler pendant si longtemps, et pour un nombre
d'âmes de plus en plus grand, par l'enfouissement que ces
ténèbres avaient fait de son Évangile de grâce dans la
poussière des cloîtres et sous le fatras des commandements
d'hommes. C'est le Sauveur qu'au 16e siécle, il a été don-
né aux ouvriers que Dieu a suscités, de remettre en lumière par la Sainte-Écriture rendue aux peuples. C'est le
Sauveur qui, dès lors , est offert par ses vrais disciples ,
dans toute la plénitude de son don gratuit à tout pauvre
cœur qui le cherche sincèrement.

C'est ce Sauveur là qui est aussi proclamé par les déclarations du formulaire de Montauban ; et c'est pourquoi j'ai fait profession de ces déclarations , en devenant
dans l'Église réformée , ministre de Christ auprès des
âmes qui admettent ou cherchent ce Sauveur là.

C'est dans ce Sauveur enfin , et dans l'expiation qu'il a
faite auprès du Père, de mes péchés comme de ceux de
toute l'humanité, par son sacrifice sur la croix, que con-
siste toute ma force comme pasteur, toute mon espérance
comme chrétien.

Et maintenant revenons au point de départ. Si , en ce
Sauveur là , je dois aimer et j'aime toujours M. E. Co-

querel, parce qu'il est toujours mon prochain, quoique son Christ ne soit plus le mien, — je ne devais pas pourtant lui demander de me consacrer au service d'un Sauveur qu'il n'admet plus tel que je l'admets. Je devais, au contraire, comme je l'ai fait, m'abstenir avec tristesse et regret ; je le devais car, avec la pensée que M. E. Coquerel a de l'objet de ma foi, et avec celle que j'ai de l'objet de la sienne, — faire autrement, c'eût été nous jouer des engagements pris au service de Dieu : ce qu'il serait déjà ignominieux de faire dans les engagements pris au service des hommes.

Je tiens à dire enfin, qu'en agissant ainsi je n'ai prétendu juger ni condamner personne comme individu. Ma conduite d'abstention n'a signifié qu'une chose, c'est qu'en tant que pasteurs ceux que je laissais de côté ne le sont plus dans le sens des doctrines dont j'allais faire profession, quoiqu'ils en eussent aussi fait profession d'abord.

Et cela ne le disent-ils pas eux-mêmes, et ne le dites vous pas comme eux et comme moi, messieurs ?

Comment venez-vous donc dès lors m'accuser de pousser au schisme et à la séparation ? S'il y a séparation, par qui donc aura-t-elle été faite, si ce n'est par eux et par vous ? — Et comment venez-vous aussi me parler de considérations humaines puisées dans je ne sais quel savoir-vivre auquel vous me reprochez d'avoir manqué ; comme s'il pouvait s'agir, là, de telles considérations ?

Mais encore une fois, en dehors de cette question pastorale et quant à ce qui regarde la situation d'âme personnelle à chacun de ces pasteurs, je ne les juge pas. Je sais qu'il n'appartient qu'à mon Dieu de le faire. — A ce point de vue, je ne m'occupe que d'un seul pasteur et pour lui mettre sans cesse devant les yeux cette parole de saint Paul : *que celui qui croit être debout prenne garde qu'il ne tombe.*

Et cè pasteur là, messieurs, c'est celui qui est en Christ votre dévoué serviteur , et puisse-t-il avoir à dire bientôt votre dévoué frère.

H. Maubert, pasteur.

Foëcy (Cher), 15 décembre 1863.